阳光公益社

"我们在服务中快乐成长"

学生活动手册丛书

U0954160

本书为北京市教育科学"十三五"规划2018年度校本研究专项课题

——《小学德育中构建服务学习课程体系的研究》课题成果　课题编号：3096-0049

服务让伙伴共成长

史家教育集团　著

第二册

中国发展出版社
CHINA DEVELOPMENT PRESS

图书在版编目（CIP）数据

服务让伙伴共成长/史家教育集团著．—北京：中国发展出版社，2019.8

ISBN 978-7-5177-1029-5

Ⅰ.①服… Ⅱ.①史… Ⅲ.①小学教育—教学研究—北京 Ⅳ.①G622.0

中国版本图书馆CIP数据核字（2019）第136942号

书　　名：服务让伙伴共成长
著作责任者：史家教育集团
出版发行：中国发展出版社
联系地址：北京市西城区裕民东路3号9层　100029
标准书号：ISBN 978-7-5177-1029-5
经　销　者：各地新华书店
印　刷　者：河北鑫兆源印刷有限公司
开　　本：787×1092mm　1/16
印　　张：6.75
字　　数：110千字
版　　次：2019年9月第1版
印　　次：2019年9月第1次印刷
定　　价：32.00元

联系电话：（010）68990642　68990692
购书热线：（010）68990682　68990686
网络订购：http：//zgfzcbs.tmall.com//
网购电话：（010）68990639　88333349
本社网址：http：//www.develpress.com.cn
电子邮件：fazhanreader@163.com

“我们在服务中快乐成长”
学生活动手册丛书
编委会

张牧梓　张斌轩　张鑫然　陈　燕　陈玉梅　范欣楠　范晓丽　罗　曦
金　晶　金　强　金少良　周　舟　郑忠伟　南春山　耿芝瑞　贾维琳
徐　卓　徐　虹　高江丽　郭　红　海　琳　曹艳昕　葛　攀　韩巧玲
温　程　翟玉红　黎　童　潘　锶　潘　璇　霍维东

参与人员：（按姓氏笔画排列）

马　岩　王　华　王　颖　王　滢　王　静　王　瑾　王秀军　王建云
王香春　孔宪梅　孔继英　史亚楠　史宇佩　付燕琛　白　雪　邢　超
乔　淅　刘　岩　刘力平　刘玲玲　闫春芳　安　然　许爱华　杨　扬
李　享　李　静　李芸芸　李梦裙　李超群　李惠霞　沙焱琦　张　伟
张书娟　张艾琼　张春艳　陈　璐　范　鹏　赵　苹　侯　琳　姜　桐
祖学军　秦　月　徐　莹　徐丹丹　徐愫祺　海　洋　陶淑磊　崔　敏
彭　霏　满文莉　蔡　琳　滕学蕾　魏晓梅

序　言

教育的根本任务是立德树人。国家的未来在于现在的课堂。我们现在培养的孩子，是完成“中国梦”关键的一代人。小学阶段是孩子身体和心理共同成长的时期，是教育最好的干预阶段。我们要给予学生基础的能量，为他们打好基础，打开视野，培养具有家国情怀的和谐发展的人。

德育工作事关“培养什么样的人，如何培养人，以及为谁培养人”这个根本问题。反思当前的德育工作，不难看到，我们的德育工作仍存在一些不容忽视的问题，诸如内容的设计与生活疏离，评价方式单一，德育活动形式化、持续性差、创新性弱等。新时代需要新德育，站在教育新时代的潮头，德育工作该如何创新？这是我们一直在思考的问题。

长期以来，史家一直高度重视德育工作，将课程作为德育的主阵地，不断创新德育机制。“我们在服务中快乐成长”“服务+”德育课程系列丛书正是对新时期德育模式的创新探索，我们以“服务”为抓手，将家国情怀的培养作为激发学生成长内驱力的关键，从价值观引导切入，通过服务来育人，引导学生在服务中学习、在学习中服务，系统构建“以学生为中心、以实践为核心”的德育课程体系，从而打开教育视野，转变学习方式，生成多元评价，建构生动、真实、与时代相适应、与国家建设和社会发展息息相关的德育新模式，从根本上改变了学校德育的传统样态，形成了以“服务”为关键词的德育工作新常态。

“我们在服务中快乐成长”“服务+”德育课程系列学生手册共六册，包括：一年级《服务让生命有价值》、二年级《服务让伙伴共成长》、三年级《服务让自然添色彩》、四年级《服务让学习无边界》、五年级《服务让社会充满爱》、六年级《服务让未来更精彩》。六册丛书的研发汇总了史家教育集团各年级的亮点德育活动和国内外具有创新性的德育活动素材，将服务理念贯穿德育活动设计始终。丛书的研发坚持“一个中心”的核心思想，即坚持用实践的方式践行社会主义核心价值观，开展德育工作，实现德育课程化，这也是课程建设的主旨思想。

同时，丛书的研发依托史家小学的“五大和谐”逻辑体系，立足每个年级学生的身心发展特点和培养目标，发挥每个年级鲜明的办学特色，将“五大和谐”以及“五大意识和五大能力”与各年级的培养轴线、服务要素与服务目标一一对应：一年级关注“人与自身”，将“生命”作为服务要素。二年级关注“人与人”，将“伙伴”作为服务要素；三年级关注“人与自然”，将“自然”作为服务要素；四年级关注“人与学习”，将“学习”作为服务要素；五年级关注“人与社会”，将“社会”作为服务要素；六年级将“展望未来”作为培养轴线，将“未来”作为服务要素。这样的设计真正实现让史家的“和谐教育”理念指引学生成长，全学段落实、践行社会主义核心价值观。

六册丛书的设计还重在发挥“协同育人”的德育功能，聚焦“四类活动”，形成“四大主题”，即以“班级－学校－家庭－社会”为教育场域，以“仪式－节日－劳动－研学”为活动形式建立起班级仪式类、学校节日类、家庭劳动类、社会研学类四位一体的德育教育网络，其中班级仪式类活动聚焦“文明礼仪主题”、学校节日类活动聚焦“爱校爱国主题”、家庭劳动类活动聚焦“健康环保主题”、社会研学类活动聚焦“道德规则主题”。通过这样的设计，全场域、全方位落实、践行社会主义核心价值观。每个年级在“四类活动”和“四大主题”的统领下，根据年级特色和年级学生身心发展特点形成了指向鲜明、特色突出、结构系统的四个活动版块，突出对各年级服务活动目标的培养。

“我们在服务中快乐成长”“服务＋”德育课程系列学生手册的编写是史家“服务＋”课程建设的阶段性成果。这样的改革与探索旨在真正唤醒学生成长的内驱力，让学生走出“自我中心”，走进真实的社会与生活，学会关注他人的需求，产生服务他人的意识，以家国为视角，主动开展基于真实问题的学习与实践，引导他们心怀家国、立志筑梦，成长为具有社会责任感、担当意识和奉献精神的中华好少年，成长为具有家国情怀的和谐发展的人。

前　言

因为服务，你我结识

亲爱的伙伴们：

欢迎来到伙伴校园！在这所新的校园里，我们会在各种有意义的服务活动中认识可爱的大伙伴、小伙伴们！让我们一起开启伙伴校园的“服务”旅程吧！

在“小伙伴，爱友谊”活动中，我们要为共同生活的伙伴校园、互帮互助的小伙伴、互促互进的友谊班服务。

在“游戏节，乐童年”活动中，我们要为富有创意的伙伴、游戏团队的队友、身边的大小朋友服务。

在“百家姓，颂家风”活动中，我们要为注重家教的父母、和谐社区、友谊学校的伙伴服务。

在“老胡同，传文化”活动中，我们要为史家胡同博物馆、史家胡同的老人、史家胡同的游客服务。

因为服务，让我们与身边的人变得更有默契、更加亲近。让我们快快行动起来吧，一起参与到服务中，和更多的伙伴们相遇。

伙伴校园的服务使者

目　录

第一章

小伙伴，爱友谊

在“小伙伴，爱友谊”活动中，我们要爆发自己的“服务能量”，认识伙伴校园劳动者们的服务精神，为小伙伴做一件力所能及的小事，教会新结识的小伙伴一项技能，为友谊班做一件事，帮助朋友改善自身的不足，等等。

一、新校园，充满爱

（一）共同建设伙伴校园

1. 寻找伙伴校园的劳动伙伴

在伙伴校园里，老师、保安叔叔、食堂阿姨都是我们的大伙伴，大家亲如一家人，一起为伙伴校园的建设贡献着自己的一分力量。下面，就让我们去找一找这些大伙伴吧，看一看他们为我们美丽的校园付出了怎样的劳动，我们能和他们共同为伙伴校园做点什么。

“寻找伙伴校园的劳动伙伴”任务单

我的姓名		班　级	
劳动伙伴姓名	劳动场所	对校园的贡献	我能和他们做的事

2. 为校园服务的“三个一”

当一次升旗手，体验一次小主播，做一名值周生，是伙伴校园的“三个一”活动。“三个一”活动的小伙伴们都是为校园服务的一员：他们有的在晨曦中当一名小升旗手，将国旗缓缓升起，带领大家一起向国旗行注目礼；有的在广播站当一名小主播，读新闻给同学们听；有的在课间做一名值周生，为同学们规范秩序、维护安全。让我们分组和伙伴一起想想下面的问题，并和其他组的同学们交流想法。

“为校园服务的‘三个一’”任务单

组　别		小组成员	
思考问题	我们组的想法	其他组的想法	
观察“三个一”活动中的伙伴们为学校和同学们提供了什么服务？如果满分是10分，能为他们的服务打多少分			
参加“当一次升旗手”活动，想想我们需要和伙伴怎样配合			
参加“体验一次小主播”活动，想想我们需要和伙伴怎样配合			
参加“做一名值周生”活动，想想我们需要和伙伴怎样配合			

【我的服务认识】

“共同建设伙伴校园”活动服务认识
结合参加的活动，和伙伴们讨论对以下问题的认识： 问题1：哪些人为“伙伴校园”做出了贡献？   问题2：我能够为“伙伴校园”的建设贡献怎样的力量？
通过“共同建设伙伴校园”活动，写出我对“服务”的新体会

（二）不求回报的真友谊

1. 阅读《夏洛的网》童话

珍贵友谊的建立，总少不了朋友之间真心实意的互帮互助。让我们一起来阅读《夏洛的网》一书，看看蜘蛛夏洛和小猪威尔伯这对好伙伴之间，发生了哪些为朋友服务的故事！

【精彩片段】在朱克曼家的谷仓里，快乐地生活着一群动物。小猪威尔伯和蜘蛛夏洛建立了真挚的友谊。然而一个坏消息打破了谷仓里的平静：威尔伯在圣诞节将会被人杀死，做成熏肉火腿！作为一只猪，悲痛欲绝的威尔伯似乎只能接受任人宰割的命运了。然而看似渺小的小蜘蛛夏洛却说："我救你。"

"《夏洛的网》阅读记录"任务单

我的姓名		班　级	

阅读记录	
经典语录	故事中打动我的情节

阅读思考		
夏洛是在什么情形下救威尔伯的	夏洛和威尔伯友情的可贵之处在哪里	如果我是夏洛，看到威尔伯受难，会怎么做

2. 我想为朋友做件小事

在《夏洛的网》中，蜘蛛夏洛在朋友小猪威尔伯生命遇到危险的时候挺身而出，用自己渺小的力量救了它。我们能够为好朋友做哪些事呢？细心观察我们最要好的朋友在学习和生活中有哪些需要，想一想能够为他们做哪些力所能及的事。

"我想为朋友做件小事"任务单

我的姓名		好朋友的姓名	
观察好朋友有哪些需要			
学习上的需要			
交际上的需要			
生活上的需要			
我能为好朋友做的事			
学习上的帮助			
交际上的帮助			
生活上的帮助			
我帮助好朋友解决了哪些困难，好朋友有何反馈，我收获了什么			

【我的服务认识】

“不求回报的真友谊”活动服务认识
结合参加的活动，和伙伴们讨论对以下问题的认识： 问题1：朋友之间应该索取还是应该付出，为什么？   问题2：在帮助朋友的过程中，自己能够收获什么？
通过“不求回报的真友谊”活动，写出我对“服务”的新体会

二、好搭档，同服务

（一）大槐树下结情谊

1. 新朋友结谊仪式

结交好朋友的第一步是要让他人了解自己。让我们一起来制作“个人名片”吧，将自己的个人信息写在小卡片上，卡片信息包括姓名、班级、兴趣爱好等。之后，将自己的“个人名片”贴在班级墙上，寻找与自己有共同兴趣爱好的小伙伴，并告诉他/她自己的心意。

______________的个人名片

为想要结交的新朋友写下自己的“友谊誓言”，一起走到校园里的大槐树下，将自己的“友谊誓言”读给自己的新朋友听。好朋友要一起学习，一起进步，在读完“友谊誓言”后，教给新朋友至少一项自己擅长的本领，作为送给新朋友的礼物，可以是唱歌、讲故事、画画、剪纸、跳舞，等等。

“新朋友结谊仪式”任务单

我的姓名		新朋友的姓名	
我的“友谊誓言”			
我想和你成为朋友的原因： 我希望为你做的事： 我希望能向你学习：			
教给新朋友新本领			
我教朋友的本领： 朋友对这项本领的掌握情况： 我获得的成长： 朋友获得的成长：			

2. 帮助我们的友谊班

一个班级是一个小舞台，两个班级合力能搭起一个大舞台。让我们一起分小组为班级制作“班级名片”，包括班级名称、班主任寄语、班级宣言、班级风采等，将制作的“班级名片”挂在大槐树上，每个班选出想要结交的“友谊班”。

班级名片

为友谊班写下“班级结谊誓言”，在大槐树下读给想要结交的“友谊班”的师生听，用心观察与了解友谊班的需要，一起为友谊班的伙伴们提供服务！

“帮助我们的友谊班”任务单

我的姓名		友谊班新朋友的姓名	
班级结谊誓言			
我班想与你班结谊的原因：			
我班希望为你班做的事：			
我班希望得到你班这样的帮助：			
为友谊班提供服务			
友谊班的需要：			
我班能提供的服务：			
友谊班对我班的服务评价：			
我在这次服务中的收获：			

【我的服务体验】

“大槐树下结友谊”活动服务体验
在“大槐树下结友谊”活动中发生了哪些印象深刻的故事？用自己喜欢的方式告诉大家吧！
通过“大槐树下结情谊”活动，写出我对“服务”的新体会

（二）三间书屋小管家

1. 三间书屋同伴阅读

书是人类进步的阶梯。能够陪伴朋友一同读书，一同进步，也是一种很有意义的服务。让我们与结识的新朋友一同走进“三间书屋”，选择一本共同喜爱的书进行阅读，各自写下“读书笔记”，并与好朋友一同来为这本读过的书制作一张“荐书卡”，为其他同学读到这本书提供一些建议。

什么是读书笔记呢？读书笔记是读书时为了把自己的读书心得记录下来或为了把文中的精彩部分整理出来而做的笔记。写读书笔记是训练阅读的好方法。俄国文学家托尔斯泰要求自己：身边永远带着铅笔和笔记本，读书和谈话的时候碰到一切美妙的地方和话语都把它记下来。俗话说：“好记性不如烂笔头。”让我们一起把读书的心得记录下来吧！

“荐书卡”，就是制作一张卡片，把自己喜欢的好书推荐给大家，一起分享读书的乐趣。“荐书卡”包括书名、作者、推荐人、推荐理由、内容简介等信息。

“三间书屋同伴阅读”任务单

我的姓名		好朋友姓名	
同伴读书笔记			
书籍名称			
摘录精彩内容，并说一说对精彩内容的理解			

续表

<table>
<tr><td colspan="2">我与好朋友对内容理解的相同之处</td><td colspan="2">我与好朋友对内容理解的不同之处</td></tr>
<tr><td colspan="2"></td><td colspan="2"></td></tr>
<tr><td colspan="4">荐书卡信息</td></tr>
<tr><td>书　名</td><td></td><td>作　者</td><td></td></tr>
<tr><td>推荐人</td><td colspan="3"></td></tr>
<tr><td>推荐理由</td><td colspan="3"></td></tr>
<tr><td>内容简介</td><td colspan="3"></td></tr>
<tr><td>好词好句</td><td colspan="3"></td></tr>
<tr><td>读后感</td><td colspan="3"></td></tr>
</table>

2. 同当书屋管理员

“三间书屋”带给我们无穷的知识，我们能为书屋做点什么呢？让我们和好朋友进行任务分工，一起合作做一次书屋管理员吧，并将服务过程记录下来。

“同当书屋管理员”任务单

我的姓名		同伴姓名	
任务分工：可以是管理书籍借还、维持书屋阅读秩序、打扫书屋环境等			
我负责的事情		同伴负责的事情	
1. 2. 3.		1. 2. 3.	
服务过程记录			
我的服务记录		同伴的服务记录	
1. 2. 3.		1. 2. 3.	

续表

和同伴合作的工作成果
经过与同伴的交流，还有哪些地方能做得更好

【我的服务体验】

“三间书屋小管家”活动服务体验
在“三间书屋小管家”活动中发生了哪些印象深刻的故事？用自己喜欢的方式告诉大家吧！
通过“三间书屋小管家”活动，写出我对“服务”的新体会

三、朋友情，记心间

（一）讲给伙伴的真心话

1. 阅读《你是我的真朋友》

在成长的过程中，我们会遇到很多朋友，哪些才是应该珍惜的真朋友呢？让我们来一起阅读《你是我的真朋友》一书，写一篇读后感，和老师同学们讲一讲我眼中的真朋友。

【精彩片段】罗七七的交友教室：1. 谁都会说话，但会说话并不代表能和对方融洽地交流。先真心倾听同学的话，然后真实地做出反应，这是最重要的事情。2. 千万不能因为朋友做得没有自己好而小看朋友。每个人都有自己的优点和缺点，即使是不如自己优秀的朋友，也都会有优点。

《你是我的真朋友》读后感

2. 和伙伴说说真心话

作为真朋友，我们不仅要告诉伙伴对方的优点，还要告诉他们存在的缺点和不足，只有这样，才能帮助伙伴成长。让我们为与自己合作服务的伙伴写一封“真话信”吧，帮助同伴获得更好的成长！

写给______________的真心话

亲爱的朋友：

你好！经过与你一起服务、共同合作，我想对你说说真心话。

在我心目中，你的优点是：

在我心目中，你存在的不足是：

作为好朋友，我希望你能够变得更好，我个人有几点建议，希望能够帮助你完善自我。

第一，

第二，

第三，

【我的服务心声】

“讲给伙伴的真心话”活动服务心声
请根据开展的活动，用自己喜欢的方式选择性地进行表达： 1. 在“阅读《你是我的真朋友》”活动中，我收获了怎样的成长？   2. 在“讲给伙伴的真心话”活动中，我收获了怎样的成长？
通过“讲给伙伴的真心话”活动，写出我对“服务”的新体会

（二）感谢好伙伴的帮助

1. 我与伙伴的友情故事

在与新结识的伙伴合作交往的过程中，我们或许都得到过朋友的帮助，也都帮助过朋友，让我们把与朋友之间互帮互助的珍贵故事讲给大家听吧！

“我与伙伴的友情故事”任务单

我的姓名		同伴姓名	
为什么这个故事让我感觉特别珍贵			
我对朋友的帮助		朋友对我的帮助	
在互帮互助中，我们的友谊发生了哪些变化			

2. 感恩礼物献伙伴

在与伙伴合作过程中，我们会因为得到伙伴的帮助省下不少力气。对待帮助过我们的人，应该保持一颗感恩之心。让我们为伙伴准备一份感恩礼物吧，可以是一篇演讲稿、一个小手工制作、一幅画作等等，表达对伙伴最真挚的感谢！

给伙伴的感恩礼物

（可对礼物拍照，在此处粘贴）

【我的服务心声】

“感谢好伙伴的帮助”活动服务心声
请根据开展的活动，用自己喜欢的方式选择性地进行表达： 1. 在“我与伙伴的友情故事”活动中，我收获了怎样的成长？   2. 在“‘感恩礼物’献伙伴”活动中，我收获了怎样的成长？
通过“感谢好伙伴的帮助”活动，写出我对“服务”的新体会

第二章

游戏节，乐童年

在“游戏节，乐童年”活动中，我们要与伙伴一起嗨起来，为同学们献上一份快乐的游戏创意，和游戏团队的同伴们全力合作，为身边的伙伴们带去童年欢乐，办一次难忘的儿童节，等等。

一、乐分享，共进步

（一）让人快乐的创意

1. 游戏带给伙伴快乐

“六一”儿童节就要来了，伙伴校园即将举行一年一度的“游戏节”。我们可以为老师同学们准备一份快乐的游戏节礼物，和他们一同尽情地玩耍起来。下面的游戏项目哪个是自己最擅长且能为老师同学们带去欢乐的？请选择。

“游戏项目选择”任务单

游戏类别	请在自己最擅长的游戏名称前面的方框内打“√”
语言类	□ 绕口令 □ 动画配音 □ 双语小品 □ 趣味方言
体育类	□ 助推接力 □ 小足球射门 □ 沙包投准 □ 投篮进筐
艺术类	□ 伙伴操 □ 合唱 □ 喜剧 □ 京剧串烧 □ 创意手工
益智类	□ 百变魔方 □ 快乐搭建 □ 多人策略图版游戏
其他	如擅长的游戏不在以上几类中，请在括号中填写（　　　　　　　　）

2. 我做“游戏创想人”

能够参与自己喜欢的游戏，或是自己当一次“游戏创想人”，编一个游戏带给老师同学们快乐，都是一件很酷的事儿！下面，就让我们根据自己选择或创想出的游戏项目设计游戏创意吧，想一想这个游戏能够为老师同学们带去哪些欢乐。

“我做‘游戏创想人’”任务单

<table>
<tr><td>姓　名</td><td colspan="3"></td></tr>
<tr><td>游戏类别</td><td></td><td>游戏名称</td><td></td></tr>
<tr><td>我为什么选择这个游戏</td><td colspan="3"></td></tr>
<tr><td>这个游戏总共需要多少人参加，怎样分工</td><td colspan="3"></td></tr>
<tr><td rowspan="4">这个游戏准备和伙伴们怎么玩儿</td><td colspan="3">第一步：</td></tr>
<tr><td colspan="3">第二步：</td></tr>
<tr><td colspan="3">第三步：</td></tr>
<tr><td colspan="3">第四步：</td></tr>
<tr><td rowspan="3">这个游戏能为老师同学们带去哪些欢乐</td><td colspan="3">第一，</td></tr>
<tr><td colspan="3">第二，</td></tr>
<tr><td colspan="3">第三，</td></tr>
</table>

【我的服务认识】

“让人快乐的创意”活动服务认识
结合参加的活动，和伙伴们讨论对以下问题的认识： 问题 1：能够和小伙伴一起玩游戏，是一件快乐的事吗？为什么？   问题 2：在设计游戏创意的过程中，有哪些收获？
通过“让人快乐的创意”活动，写出我对“服务”的新体会

（二）同伴互助创意佳

1. “游戏创意”展示

让我们和爸爸妈妈一起，把自己设计的“游戏创意”制作成 PPT，或通过实物模拟展示给老师和同学们吧！

“游戏创意”PPT 范例

“‘游戏创意’展示”任务单

我的姓名		游戏名称	
对自己的展示满意吗？为什么			
大家对我展示的游戏创意有何反馈			
我的游戏创意有哪些进一步需要提升的地方			
对哪位同学展示的创意印象最深，为什么			
从其他同学的创意中学到了什么			

2. 为伙伴创意提建议

我们和伙伴在学习生活中不仅要相互夸赞和鼓励，还要为对方提出建议和帮助，这也是我们为伙伴服务的表现哦！让我们为伙伴的游戏创意打打分吧，帮助他们指出有哪些需要完善的地方，并最终选出“最佳游戏创意”。

“为伙伴创意提建议”任务单

<table>
<tr><td>伙伴姓名
（展示者）</td><td colspan="6"></td></tr>
<tr><td>我的姓名
（评分者）</td><td colspan="6"></td></tr>
<tr><td rowspan="2">游戏名称</td><td colspan="4">游戏评分</td><td rowspan="2">有哪些
不足</td><td rowspan="2">改进建议</td></tr>
<tr><td>游戏
创意性
（40分）</td><td>游戏
趣味性
（20分）</td><td>游戏
互动性
（20分）</td><td>游戏
操作性
（20分）</td></tr>
<tr><td></td><td></td><td></td><td></td><td></td><td></td><td></td></tr>
<tr><td></td><td></td><td></td><td></td><td></td><td></td><td></td></tr>
<tr><td></td><td></td><td></td><td></td><td></td><td></td><td></td></tr>
<tr><td></td><td></td><td></td><td></td><td></td><td></td><td></td></tr>
<tr><td colspan="7">我最喜欢的游戏是哪个，为什么</td></tr>
<tr><td colspan="7"></td></tr>
<tr><td colspan="7">在这个活动中，我对“服务”有哪些感想</td></tr>
<tr><td colspan="7"></td></tr>
</table>

【我的服务认识】

“同伴互助创意佳”活动服务认识
结合参加的活动，和伙伴们讨论对以下问题的认识： 问题1：同伴之间可以通过怎样的方式帮助对方进步？   问题2：我们对伙伴提出的建议应持何种态度？
通过“同伴互助创意佳”活动，写出我对“服务”的新体会

二、儿童节，同欢乐

（一）负起我的团队责任

1. 招募游戏队员

我们的游戏团队中都需要一些怎样的队员呢？由“伙伴游戏创意”得分最高，且游戏最受伙伴欢迎的游戏创想人担任游戏队长，制作一张“招募榜单”吧，列出我们对游戏队员的要求，设计游戏队员招募的流程和面试题目，重点说出我们能够为团队做些什么哦！

“招募游戏队员”任务单

游戏名称		游戏队长	
________游戏团队招募榜单			
一、我组的游戏创意： 二、需招募游戏队员人数： 三、所需游戏队员条件： 1. 2. 3. 4.			

续表

面试题目设计
1. 我的特长：
2. 我为什么选择该游戏团队？
3. 我能为团队做什么？

2. 游戏队员角色征选

参考下表中的角色分工，游戏队员们选择自己想要担任的角色，并进行个人展示，重点展示自己在团队中能够发挥什么作用，最终由游戏队长为队员们确定游戏角色。

各游戏团队角色分工参考

游戏角色	职责分工
游戏队长	主要负责组织、安排全组队员具体负责的工作，统筹大局
游戏展示人员	主要负责在“游戏节”中展示本组游戏创意，课间教其他感兴趣的小伙伴玩这项游戏
游戏道具成员	主要负责游戏需要的物料、服装、工具、设备等
游戏后勤人员	主要负责游戏的场地安排、时间安排、人员联络、卫生等

“游戏队员角色征选”任务单

<table>
<tr><td>我的姓名</td><td></td><td>想担任的游戏角色</td><td></td></tr>
<tr><td>我对该角色的理解</td><td colspan="3"></td></tr>
<tr><td>我为何适合担任该角色</td><td colspan="3">第一，

第二，

第三，</td></tr>
<tr><td>如果我担任了该角色，打算如何做</td><td colspan="3">第一，

第二，

第三，</td></tr>
<tr><td>我的展示内容（可展示与角色相关的个人才艺和技能）</td><td colspan="3"></td></tr>
</table>

【我的服务体验】

“负起我的团队责任”活动服务体验
在“负起我的团队责任”活动中发生了哪些印象深刻的故事？用自己喜欢的方式告诉大家吧！
通过“负起我的团队责任”活动，写出我对“服务”的新体会

（二）献给儿童节的礼物

1. 游戏排练与预演

一个精彩的游戏需要每个成员竭尽全力的付出和努力。我们清楚了自己在游戏团队中的角色，下面一起与团队的同伴们开始游戏排练吧！同时，作为团队中的一员，我们应该勇于提出自己的看法和建议，让游戏效果变得更完美，希望每个人都能够尽自己最大的努力！

“游戏排练与预演”任务单

我的姓名		日　期	
游戏团队		担任的游戏角色	
整场排练是否顺利			
排练中我发现的问题			
我的解决建议			

续表

对自己和同伴们的表现是否满意	
是否为团队的排练尽了最大努力	
哪些方面还可以做得更好	

在这个活动中，我有哪些服务感想

2. 儿童节的游戏狂欢

令人欢欣起舞的儿童节终于来到了！每个游戏团队终于可以闪亮登场了！让我们一同在校园里玩起来吧，把在游戏中的快乐传递给每个人！同时，快乐是需要分享的，在儿童节过后，我们可以利用课余时间邀请校园里、小区里、胡同里、太阳村等身边的小伙伴一起玩，把“游戏节”的欢乐带给更多的伙伴。

“儿童节的游戏狂欢”任务单

我的姓名		日　期	
游戏团队			
描述在儿童节的游戏狂欢中内心的感受			
在儿童节的游戏狂欢中，我给别人带去了怎样的欢乐			
我们游戏团队邀请身边哪些伙伴一起玩游戏了			
身边的伙伴是否喜欢我们的游戏，他们有何反馈			

【我的服务体验】

“献给儿童节的礼物”活动服务体验
在“献给儿童节的礼物”活动中发生了哪些印象深刻的故事？用自己喜欢的方式告诉大家吧！
通过“献给儿童节的礼物”活动，写出我对“服务”的新体会

三、小团队，大角色

（一）一起把事情做好

1. 阅读《兔子坡》

为什么有的团队能够齐心协力把任务圆满完成，有的团队却在中途不欢而散呢？让我们一起来阅读《兔子坡》一书，看一看兔子坡的小动物们是如何相处的。

【精彩片段】一天，一个让小动物们兴奋不安的消息在兔子坡传开了：新居民要来了。小动物们对新人家很满意：他们慷慨、大方，留给狐狸许多剩饭；他们辛勤耕耘，给小动物们带来了仲夏夜丰收的希望；他们温和、善良，愿意与小动物们和睦相处；他们不但救下了落水的威利，救活了被卡车撞伤的乔奇，还竖起了保护小动物的路牌。

“阅读《兔子坡》”任务单

<table>
<tr><td colspan="2">我的姓名</td><td colspan="2"></td><td colspan="2">班　级</td><td colspan="2"></td></tr>
<tr><td colspan="8">阅读记录</td></tr>
<tr><td colspan="4">经典语录</td><td colspan="4">故事中让我感动的情节</td></tr>
<tr><td colspan="4"></td><td colspan="4"></td></tr>
<tr><td colspan="8">阅读思考</td></tr>
<tr><td colspan="3">兔子坡的新人家来后，小动物们为新人家做了哪些事情</td><td colspan="3">小动物们和新人家产生了什么误会，为什么会产生误会</td><td colspan="2">我们应该如何和身边的伙伴相处</td></tr>
<tr><td colspan="3"></td><td colspan="3"></td><td colspan="2"></td></tr>
</table>

2. 我们的游戏团队故事

看了《兔子坡》书中小动物们和新人家发生的故事，是不是很有感触？下面，就让我们一起来讲一讲自己与游戏团队伙伴们发生的故事吧！

“我们的游戏团队故事”任务单

我的姓名		游戏团队	
在游戏团队中，我与伙伴们发生了哪些印象深刻的故事			
在游戏团队中，伙伴们给予了我哪些帮助			
在游戏团队中，我为伙伴们提供了哪些帮助			

【我的服务心声】

“一起把事情做好”活动服务心声
请根据开展的活动，用自己喜欢的方式选择性地进行表达： 1. 在“阅读《兔子坡》”活动中，我收获了怎样的成长？   2. 在“我们的游戏团队故事”活动中，我收获了怎样的成长？
通过“一起把事情做好”活动，写出我对“服务”的新体会

（二）团队中我很重要

1. 阅读《蚂蚁的故事》

团队中不管是担任领导者的大角色，还是负责后勤支持的小角色，都在团队中发挥着自己的作用和能量，同样缺一不可。让我们一起来阅读《蚂蚁的故事》一书，看一看这些看似力量薄弱的小蚂蚁们，是怎么团结一致、共同求生的。

【精彩片段】 “这群可怜的蚂蚁肯定葬身火海了。”我心里惋惜地想。火神肆虐的热浪里已夹杂着蚂蚁被焚烧而发出的焦臭气味，可万万没有想到，这区区的弱者并没有束手待毙，竟开始迅速地扭成一团，突然向河岸的方向突围滚去。

“阅读《蚂蚁的故事》”任务单

<table>
<tr><td>我的姓名</td><td colspan="2"></td><td>班　级</td><td></td></tr>
<tr><td colspan="5">阅读记录</td></tr>
<tr><td colspan="2">经典语录</td><td colspan="3">故事中给我启发的情节</td></tr>
<tr><td colspan="2"></td><td colspan="3"></td></tr>
<tr><td colspan="5">阅读思考</td></tr>
<tr><td>小蚂蚁们平日里是如何生存的</td><td colspan="2">小蚂蚁们在遇到战争和危险后，会怎么做</td><td colspan="2">蚂蚁族群为什么能够战胜天敌生存下来，它们具有怎样的精神</td></tr>
<tr><td></td><td colspan="2"></td><td colspan="2"></td></tr>
</table>

2. “我很重要”演讲比赛

单个的小蚂蚁可能很难战胜危险，但一群小蚂蚁团结一心却能完成惊人的任务，在蚂蚁族群中，每个小蚂蚁都有着至关重要的作用。同样，我们每个人在游戏团队中也发挥了不可替代的作用。让我们准备一篇“我很重要”的演讲稿，告诉自己，也告诉伙伴们，不管在任何时候，都要坚信“我很重要”，坚信自己在团队中发挥着独一无二的重要作用。

“我很重要”演讲稿

【我的服务心声】

“团队中我很重要”活动服务心声
请根据开展的活动，用自己喜欢的方式选择性地进行表达： 1. 在“阅读《蚂蚁的故事》”活动中，我收获了怎样的成长？   2. 在“‘我很重要’演讲比赛”活动中，我收获了怎样的成长？
通过“团队中我很重要”活动，写出我对“服务”的新体会

第三章

百家姓，颂家风

在“百家姓，颂家风”活动中，我们要动动脑，练练口，将家风故事讲给史家书院的伙伴们和班级同学的爸爸妈妈们听，与邻里、朋友分享交流美好家风，为社区他姓伙伴做件事情，为社区居民制定“行为公约”，为友谊学校的伙伴寄送名家家风书签，等等。

一、知姓氏，晓名人

（一）百家姓氏名人榜

1. 我们的《百家姓》

我们细心留意会发现，班里的同学，有的姓张，有的姓王，有的姓高，许多同学的姓氏各不相同。下面，让我们一起来分组统计班级同学姓氏，发现《百家姓》的奥秘吧！

“我们的《百家姓》”任务单

我的姓名	
探秘《百家姓》	
探秘问题	我的答案
《百家姓》中的姓氏次序是按照什么排列的	
《百家姓》中的姓氏分别是按照什么进行分类的？试着列一列	
“赵钱孙李”为何位于《百家姓》中的前四位	

续表

统计班级同学姓氏	
班里与我同姓的伙伴有多少个	
班里与我不同姓的伙伴有多少个	
班里哪个姓氏的同学最多	
姓氏思考	
我的姓氏处于《百家姓》中的什么位置	
学校所在的胡同为何叫“史家胡同”，“史姓”在《百家姓》中的什么位置	
如何理解姓氏出现的意义	

2.“姓氏”名人故事

古往今来，中华儿女的姓氏多至几百个，伟大的中华民族正是因为众多中华儿女的贡献才得以壮大。从古至今，与我们姓氏相同的名人有哪些呢？他们都做出过怎样的贡献？下面，让我们一起找一找姓氏名人，把他们的杰出故事收集起来吧！

“‘姓氏’名人故事”任务单

我的姓名	
“史姓”名人故事	
古往今来的“史姓”名人都有哪些	
这些“史姓”名人分别做出了什么贡献	
“我的姓氏”名人故事	
古往今来“我的姓氏”名人都有哪些	
“我的姓氏”名人分别做出了什么贡献	

【我的服务认识】

“百家姓氏名人榜”活动服务认识
结合参加的活动，和伙伴们讨论对以下问题的认识： 问题1：哪位姓氏名人的事迹最打动和鼓舞自己？为什么？   问题2：我应该学习“我的姓氏”名人身上哪些杰出的品质？
通过“百家姓氏名人榜”活动，写出我对“服务”的新体会

（二）名人家风的传承

1. 百家名人的家风故事

良好的家风，是为后代成长提供的一种“精神服务”。下面，让我们一起阅读《画说中华名人家风故事》一书，看看先辈们是如何传承家风的。

【精彩片段】中华名人星光璀璨，他们的业绩和事迹光照千秋，让后人心生景仰。许多人往往情不自禁地问：“他们的父母是干什么的？为什么会培养出这样杰出的后代？”也有人好奇：“他们的后代是不是也像前人一样了不起呢？”良好的家风，既可以教给子女优良品质和为人处世的正确之道，也可以传给后代无穷的精神力量和创业立家的行动指南。

“百家名人的家风故事”任务单

<table>
<tr><td colspan="2">我的姓名</td><td colspan="2"></td><td colspan="1">班　级</td><td colspan="1"></td></tr>
<tr><td colspan="6">阅读记录</td></tr>
<tr><td colspan="3">最打动我的一个名人家风故事</td><td colspan="3">打动我的原因是什么</td></tr>
<tr><td colspan="3"></td><td colspan="3"></td></tr>
<tr><td colspan="6">阅读思考</td></tr>
<tr><td colspan="2">从这些名人家风故事中，我学到了什么</td><td colspan="2">良好的家风对后代会产生怎样的影响</td><td colspan="2">我希望自己家能形成怎样的家风</td></tr>
<tr><td colspan="2"></td><td colspan="2"></td><td colspan="2"></td></tr>
</table>

2. “姓氏名人”家风调查

读了那么多的名人家风，“我的姓氏”名人之所以能够做出杰出的贡献，是不是也是因为受良好家风的影响呢？赶快让我们一探究竟吧！

“‘姓氏名人’家风调查”任务单

我的姓名	
“我的姓氏”名人各家的家风是什么	
这些名人之所以如此了不起，受到了家风怎样的影响	
作为同姓后人，我们应该怎样继承名人家风呢	

【我的服务认识】

“名人家风的传承”活动服务认识
结合参加的活动，和伙伴们讨论对以下问题的认识： 问题1：良好家风对后代成长有什么影响？   问题2：如何才能将名人家风继续传承下去？
通过“名人家风的传承”活动，写出我对“服务”的新体会

二、习书法，话家风

（一）姓氏家风大讲堂

1. 最美姓氏书法展

书法是中国传统文化艺术发展五千年来最具有经典标志的民族符号。书法非常的神奇，同一个姓氏，可以通过篆书、隶书、楷书、行书、草书各种书体表现出来。下面，让我们看看自己的姓氏用各种书体写出来会是什么样子，并选择自己最喜欢的一种书体，对自己的姓氏进行临摹，和同姓氏的家长共同制作“我们的姓氏”书法展板，将同姓氏的书法作品粘贴在上面并进行展示。

“最美姓氏书法展”任务单

我的姓名	
书　体	书法展示 （可打印该书体下的字样，剪下来并粘贴）
甲骨文	
篆　书	
隶　书	
楷　书	
行　书	
草　书	

续表

我的姓氏书法展示
展示最喜欢的姓氏书法体，并说说为什么。
和家长共同制作“我们的姓氏”书法展板（如下图所示）。 
姓氏文化传承
请思考，我们应该如何将姓氏文化传承下去？

2. 分享有趣的“家风故事”

班级里不同伙伴家中有着不同的家风，为了给我们一个好的成长环境，爸爸妈妈在家庭教育和家风营造上都花了哪些心思呢？爸爸妈妈那些好的家教理念，应该让更多人知道。下面让我们邀请爸爸妈妈来到班级，用各种各样的形式分享各家的家风故事吧！

“分享有趣的‘家风故事’”任务单

我的姓名		父母姓名	
分享形式			
分享“家风故事”			
一句话总结家庭风气			
共同回忆描述家风趣事			
为分享“家风故事”，与父母一起做了哪些准备	准备一： 准备二： 准备三：		
我家的“家风故事”能够给其他家庭带来哪些益处			

【我的服务体验】

“姓氏家风大讲堂”活动服务体验
在“姓氏家风大讲堂”活动中发生了哪些印象深刻的故事？用自己喜欢的方式告诉大家吧！
通过“姓氏家风大讲堂”活动，写出我对“服务”的新体会

（二）社区扬起百家风

1. “姓氏文化”社区讲解员

我们了解了那么多有关姓氏文化的故事，让我们一同来做一回社区“姓氏文化”讲解员吧，和社区的邻居们分享交流有趣的姓氏故事，让良好的家风在社区传递！

“‘姓氏文化’社区讲解员”任务单

<table>
<tr><td>我的姓名</td><td></td><td>我所在的社区</td><td></td></tr>
<tr><td colspan="4">“我的姓氏”故事</td></tr>
<tr><td colspan="2">“我的姓氏”起源</td><td colspan="2">“我的姓氏”名人故事</td></tr>
<tr><td colspan="2"></td><td colspan="2"></td></tr>
<tr><td colspan="4">社区居民“百家姓”故事（列举3个）</td></tr>
<tr><td>社区居民姓氏</td><td colspan="3">姓氏故事</td></tr>
<tr><td></td><td colspan="3"></td></tr>
<tr><td></td><td colspan="3"></td></tr>
<tr><td></td><td colspan="3"></td></tr>
</table>

2. 社区百家家风联欢会

一种好家风可能会成就一个成功的家庭，各家好家风相融可能会塑造一个友善的社区。让我们与爸爸妈妈一同来思考并写下自己家的家风吧，并在“社区百家家风联欢会”上一同朗读并发布自家的家风，并与爸爸妈妈一同表演展现家庭良好家风的节目吧！

“社区百家家风联欢会”任务单

<table>
<tr><td>我的姓名</td><td></td><td>爸爸妈妈姓名</td><td></td></tr>
<tr><td>请和爸爸妈妈共同写下“我家家风”</td><td colspan="3"></td></tr>
<tr><td colspan="4">“我家家风”解读</td></tr>
<tr><td colspan="4">（请向社区邻居们讲一讲自家家风的由来）</td></tr>
<tr><td colspan="4">“我家家风”展示</td></tr>
<tr><td colspan="4">（请和爸爸妈妈共同准备展现家庭良好家风的节目）</td></tr>
<tr><td colspan="4">“我家家风”展示反馈</td></tr>
<tr><td colspan="4">（请描述社区居民对所表演的节目的评价）</td></tr>
</table>

【我的服务体验】

"社区扬起百家风"活动服务体验
在"社区扬起百家风"活动中发生了哪些印象深刻的故事？用自己喜欢的方式告诉大家吧！
通过"社区扬起百家风"活动，写出我对"服务"的新体会

三、正能量，传家宝

（一）社区居民是一家

1. 相亲相爱大家庭

社区里虽然有许多不同姓氏的邻居，但大家居住在一个生活圈里，就应该像“一家人”一样，互帮互助、互敬互爱。我们理想中的社区“大家庭”是怎样的呢？让我们用画笔画出心目中“最美社区”的样子，与爸爸妈妈共同为相亲相爱的社区做一份手抄报。

“相亲相爱大家庭”任务单

2. “社区一家人”行为公约

作为社区大家庭里的一员，我们应该共同建立、遵守、维护社区的公共秩序，让社区生活有序进行。下面，让我们和爸爸妈妈一同制定一份“社区一家人”行为公约吧！

“社区一家人”行为公约

社区居民行为规范“五必做”：

1.

2.

3.

4.

5.

社区居民行为规范“五不准”：

1.

2.

3.

4.

5.

制定人：

制定日期：

【我的服务心声】

“社区居民是一家”活动服务心声
请根据开展的活动，用自己喜欢的方式选择性地进行表达： 1. 在“相亲相爱大家庭”活动中，我收获了怎样的成长？   2. 在“‘社区一家人’行为公约”活动中，我收获了怎样的成长？
通过“社区居民是一家”活动，写出我对“服务”的新体会

（二）文明家风世代传

1. 寄送名家家风书签

在前面的活动中，我们把好的家风传递到了史家书院，传递到了社区居民的家中。接下来，让我们动起手来，为友谊学校的伙伴们制作“名家家风”书签，将好的家风传向更远吧！

“寄送名家家风书签”任务单

我的姓名		友谊学校伙伴姓名	
我选择的“名家家风”			
画出“名家家风”书签草图			
（画出想要制作的书签草图，包括书签形状、字图比例、书签质地等）			
“名家家风”书签展示			
（对制作好的书签进行拍照，并粘贴）			

2. 做文明家风传递小使者

文明家风是推动社区发展的正能量，让我们以“让文明家风传下去”为题写一篇建言稿，让更多的人了解家风并传承文明家风吧！

“让文明家风传下去”建言稿

第一部分：“文明家风”都有哪些表现

第二部分：“文明家风传递”的重要性

第三部分：对“文明家风传递”的几点建议

【我的服务心声】

“文明家风世代传”活动服务心声
请根据开展的活动，用自己喜欢的方式选择性地进行表达： 1. 在“寄送名家家风书签”活动中，我收获了怎样的成长？   2. 在“做文明家风传递小使者”活动中，我收获了怎样的成长？
通过“文明家风世代传”活动，写出我对“服务”的新体会

第四章

老胡同，传文化

在“老胡同，传文化”活动中，让我们迈开步伐，揭开史家胡同的神秘面纱，将史家胡同历史名人的精神讲给史家书院的小伙伴们听，听现在住在胡同的大伙伴们讲述胡同精神，为史家胡同博物馆当一回志愿者，为游客画一幅胡同观光地图，为传承胡同精神写一封倡议书，等等。

一、串串门，送温情

（一）胡同名人大作为

1. 史家胡同的名人贡献

一条小小的史家胡同，印刻着许许多多的名人历史故事。许多年前，这些胡同名人曾在这里经历了他们不凡的人生，为国家的发展和时代的进步做出了杰出的贡献。

史家胡同名人辈出，曾居住于史家胡同47号院的傅作义为新中国水利事业的发展做出了重要贡献；改革开放后时任国家副主席荣毅仁居住在这里，他为我国社会主义建设事业无私奉献了一生；51号院曾由章士钊居住，他为谋求祖国统一大业贡献了毕生精力；53号院，新中国成立后帅孟奇、邓颖超、康克清等都曾在此办公，他们为妇女解放运动做出了卓越的贡献。

正是因为有了这些名人曾在史家胡同不懈奋斗的历程，才使得胡同精神一代代传承下来。让我们通过观看《北京的胡同：史家胡同》（第38、第39集）视频认识史家胡同，并通过查阅更多资料了解胡同名人做出过的贡献。

“史家胡同的名人贡献”任务单

我的姓名		班　级	

胡同名人资料				
胡同名人姓名	资料来源	胡同地址	何时在胡同居住	对胡同做出过什么贡献

2. 胡同名人家串门儿

“串门儿”是老北京四合院多年沿袭下来的自然习俗。让我们一起到曾经居住史家胡同的名人家里“串串门儿”吧，看看这些历史中的伙伴们是在怎样的生活环境中做出了杰出的贡献。

“胡同名人家串门儿”任务单

<table>
<tr><th colspan="2">我的串门儿计划</th></tr>
<tr><td>“串门儿”小组</td><td></td></tr>
<tr><td>打算去“谁家”串门儿</td><td></td></tr>
<tr><td>预想在串门儿时会遇到什么困难</td><td>打算如何解决这个困难</td></tr>
<tr><td>困难一：</td><td>方法一：</td></tr>
<tr><td>困难二：</td><td>方法二：</td></tr>
<tr><td>困难三：</td><td>方法三：</td></tr>
<tr><th colspan="2">发现名人居住过的痕迹</th></tr>
<tr><td colspan="2">（可粘贴照片并添加文字说明）</td></tr>
</table>

续表

我的串门儿经过	
在串门儿过程中实际遇到什么问题	问题是怎样解决的
困难一：	方法一：
困难二：	方法二：
困难三：	方法三：
在这个活动中，有哪些服务感想	

【我的服务认识】

“胡同名人大作为”活动服务认识
结合参加的活动，和伙伴们讨论对以下问题的认识： 问题1：胡同名人的事迹带给我怎样的成长启示？   问题2：我们应该如何让胡同名人的精神发扬光大？
通过“胡同名人大作为”活动，写出我对“服务”的新体会

（二）结识胡同老伙伴

1. 听胡同老人讲胡同精神

长时间生活在史家胡同的老人们见证了胡同的成长，在他们眼中，史家胡同传承着怎样的精神呢？让我们分组拜访胡同老人，听一听他们对史家胡同精神传承的理解吧！

“胡同老人讲胡同精神采访”任务单

小组成员		班　级	
打算如何认识想要拜访的胡同老人			
对胡同老人的访谈提纲	问题一： 问题二： 问题三：		
胡同老人现在生活情况如何，需要怎样的帮助			
目前我能够为胡同老人提供哪些帮助			
我可以通过哪些途径让更多人帮助这位老人	途径一： 途径二： 途径三：		

2. 听胡同老人讲童年

童年的时光是美丽而珍贵的。这些生活在史家胡同的老人们是如何在胡同里度过童年的？他们与自己的胡同发小有着怎样的友谊故事？让我们分组采访这些老人寻找答案吧！

“听胡同老人讲童年”任务单

小组成员		班　级	
胡同老人姓名		居住门牌号	
胡同老人的童年故事			
老人对胡同里的童年印象是怎样的			
老人最难忘的童年往事是什么			
胡同老人的友谊故事			

续表

老人小时候要好的朋友，如今还联系吗	
老人与胡同发小发生过哪些难忘的友谊故事	
听完胡同老人讲述的童年故事和友谊故事后，有何感想	

【我的服务认识】

“结识胡同老伙伴”活动服务认识
结合参加的活动，和伙伴们讨论对以下问题的认识： 问题1：通过听胡同老人讲胡同精神，我对胡同精神有了怎样的认识？   问题2：胡同精神对老人的人生起到了什么鼓舞作用？
通过“结识胡同老伙伴”活动，写出我对“服务”的新体会

二、四合院，志愿行

（一）胡同文化共保护

1. 史家胡同博物馆志愿行动

在史家胡同里，有一个以胡同文化为主题的博物馆。在这个博物馆里，记录着史家胡同从古至今的发展史，许多中外游客都来此参观。下面，让我们一起走进这个充满奥秘的博物馆吧，做一回小小志愿者，为游客们提供服务。

"史家胡同博物馆志愿者报名"任务单

志愿者服务项目	班　级	姓　名
博物馆礼仪员		
博物馆引导员		
博物馆讲解员		
博物馆秩序员		
博物馆卫生员		

“史家胡同博物馆志愿行动”任务单

<table>
<tr><td>我的姓名</td><td></td><td>志愿者服务项目</td><td></td></tr>
<tr><td>同组伙伴姓名</td><td colspan="3"></td></tr>
<tr><td colspan="4">“史家胡同博物馆最触动我的展品”照片展示</td></tr>
<tr><td colspan="2">（拍摄照片并粘贴）</td><td colspan="2">为什么这个展品最触动我</td></tr>
<tr><td colspan="4">博物馆志愿服务纪实</td></tr>
<tr><td>我们为博物馆做了哪些服务</td><td colspan="3"></td></tr>
<tr><td>在志愿服务过程中，发生了哪些特别的事</td><td colspan="3"></td></tr>
</table>

续表

博物馆志愿服务感悟	
我和同组的伙伴们合作愉快吗	
在博物馆志愿行动中，我收获了什么	
经过反思，我们还有哪些地方能做得更好	

2. 博物馆的“胡同声音”

在史家胡同博物馆的“时代记忆展厅”内，有一个特殊的房间——胡同声音小屋。让我们一起走进这个神秘的小屋，听一听不同年代里的胡同声音吧！

闭上眼睛，听：胡同里，知了在低鸣，树叶沙沙地响，“叮铃”，清脆的，是人力黄包车的脚铃；再听，盘旋在头顶的鸽哨，院门口的叫卖声……作为北京第一家声音博物馆，创始人秦思源希望可以用声音记录北京的历史，“声音是文化的一部分，里面有这座城市的历史和记忆，但已经消失或正在消失，我们要记录下这种独特的历史”。

“胡同声音”记录了史家胡同多年的发展，我们应该把这些珍贵的声音保存下来。让我们一起来探秘各种有韵味儿的“胡同声音”吧，并画一张宣传画，把这些声音故事告诉更多人。

“博物馆的‘胡同声音’”任务单

我的姓名		班　级	
聆听“胡同声音”			
“胡同声音小屋”是怎么来的		哪种“胡同声音”最让我印象深刻	

续表

史家胡同声音探秘			
“胡同声音”名称	是否听到这一声音	声音产生的时代	声音用途
警　哨			
脚　铃			
震惊闺			
虎撑子			
鸽　哨			
老北京叫卖			

“胡同声音”宣传画

【我的服务体验】

"胡同文化共保护"活动服务体验
在"胡同文化共保护"活动中发生了哪些印象深刻的故事？用自己喜欢的方式告诉大家吧！
通过"胡同文化共保护"活动，写出我对"服务"的新体会

（二）史家胡同小主讲

1. “胡同精神”伙伴讲坛

我们了解了许多有关史家胡同的文化以及胡同名人的故事，下面，让我们把了解到的内容讲给身边更多的大伙伴和小伙伴们听吧，一起讨论如何发扬胡同精神。

“‘胡同精神’伙伴讲坛”任务单

我的姓名		班　级	
主讲题目			
我是小主讲			
我的主讲内容			
伙伴听了我的演讲，有何反馈			
哪位伙伴讲的什么内容对我影响最大			
与伙伴共同讨论发扬胡同精神的方法			
方法一： 方法二： 方法三：			

2. 胡同的昨天与今天

时代在发展，胡同生活也换了新风貌。今日的胡同与昨天的胡同发生了哪些变化？让我们一起与小伙伴查阅资料，对比胡同生活的新旧照片，找一找史家胡同这些年的变化，给老师和同学们讲一讲这种变化给居民生活带来的影响。

“胡同的昨天与今天”任务单

<table>
<tr><td>我的姓名</td><td></td><td>合作伙伴姓名</td><td></td></tr>
<tr><td colspan="4">胡同新旧照片对比</td></tr>
<tr><td colspan="2">胡同新生活照</td><td colspan="2">胡同旧生活照</td></tr>
<tr><td colspan="2">（照片粘贴处）</td><td colspan="2">（照片粘贴处）</td></tr>
<tr><td colspan="4">胡同昨天与今天的变化</td></tr>
<tr><td colspan="2">变化描述</td><td colspan="2">为何发生这样的变化</td></tr>
<tr><td colspan="2"></td><td colspan="2"></td></tr>
<tr><td colspan="4">这种变化给胡同居民们的生活带来了哪些影响</td></tr>
<tr><td colspan="4"></td></tr>
</table>

【我的服务体验】

“史家胡同小主讲”活动服务体验
在“史家胡同小主讲”活动中发生了哪些印象深刻的故事？用自己喜欢的方式告诉大家吧！
通过“史家胡同小主讲”活动，写出我对“服务”的新体会

三、续友谊，承精神

（一）穿越时空的友谊

1. 与胡同历史名人交朋友

倘若有时光穿梭机，能够让我们“穿越”到历史中的史家胡同，我们最想和哪位胡同名人交朋友呢？让我们给胡同历史中的名人伙伴写一封信吧，告诉他们自己的心意。

写给胡同历史名人______________的一封信

2. 赠予胡同老人的礼物

一份用心准备的小礼物，可能就会让胡同老人高兴许久。让我们亲手为结识的胡同“老伙伴”准备一份礼物吧，并写下我们想对“老伙伴”说的话，带给他们一份惊喜！

写给____________的礼物卡片（参考）

____________：

这是我为您亲手做的________________________

____________________________________。

希望这份礼物能够带给您________________________

真心希望您能够喜欢！

你的好朋友：____________

【我的服务心声】

"穿越时空的友谊"活动服务心声
请根据开展的活动，用自己喜欢的方式选择性地进行表达： 1. 在"与胡同历史名人交朋友"活动中，我收获了怎样的成长？ 2. 在"赠予胡同老人的礼物"活动中，我收获了怎样的成长？
通过"穿越时空的友谊"活动，写出我对"服务"的新体会

（二）胡同精神代代传

1. 史家胡同观光地图

史家胡同一代代名人流传下来的精神值得我们每个人学习。让我们和小伙伴一同为游客制作一张“史家胡同观光地图”吧，既能够为他们游览胡同提供便利，还能够把胡同精神传播出去。

“史家胡同观光地图”任务单

<table>
<tr><td>小组姓名</td><td></td><td>班　级</td><td></td></tr>
<tr><td colspan="4">“史家胡同观光地图”构思</td></tr>
<tr><td>这张地图想要告诉游客哪些信息</td><td colspan="3"></td></tr>
<tr><td>地图中主要介绍哪些胡同名人和胡同精神</td><td colspan="3"></td></tr>
<tr><td>我们要以什么方式制作这张地图</td><td colspan="3"></td></tr>
<tr><td colspan="4">“史家胡同观光地图”展示</td></tr>
<tr><td colspan="4">（请把地图拍照粘贴在此处）</td></tr>
</table>

2. “传承胡同精神”倡议书

“家国情怀”是史家胡同多年传承下来的胡同精神之一。让我们为传承这种胡同精神写一封倡议书吧，让更多的中华儿女传承这一精神。

“传承史家胡同精神”倡议书

【我的服务心声】

"胡同精神代代传"活动服务心声
请根据开展的活动，用自己喜欢的方式选择性地进行表达： 1. 在"史家胡同观光地图"活动中，我收获了怎样的成长？   2. 在"'传承胡同精神'倡议书"活动中，我收获了怎样的成长？
通过"胡同精神代代传"活动，写出我对"服务"的新体会

总　结

因为服务，你我成长

一年时间很快过去了，在这一年中，我们结识了哪些朋友？与他们共同做了哪些有意义的事情？现在，让我们回顾一下这一年难忘的服务旅程吧！

陪伴我们成长的服务活动		写下我们与伙伴的服务记忆
小伙伴，爱友谊	新校园，充满爱	
	好搭档，同服务	
	朋友情，记心间	
游戏节，乐童年	乐分享，共进步	
	儿童节，同欢乐	
	小团队，大角色	
百家姓，颂家风	知姓氏，晓名人	
	习书法，话家风	
	正能量，传家宝	
老胡同，传文化	串串门，送温情	
	四合院，志愿行	
	续友谊，承精神	

后　记

编写“我们在服务中快乐成长”学生活动手册丛书的过程，是一个不断突破与创新的过程，我们希望一改灌输式、说教式的德育模式，为学生提供基于真实生活的有趣的、有益的、有用的活动向导。为此，从手册的框架设计到内容编写，我们一直力求做到“五个新”：

一是“思想新”，坚持“用实践的方式做德育”的中心思想，使每一个德育活动源于生活、联系社会，期待学生在真实体验与切身服务中获得不断成长。

二是“体系新”，依托史家教育集团“五大和谐”育人体系，六本手册形成六条学生培养轴线，手册内的活动不是散落的、孤立的，而是串联的、系统的，构成一整幅美丽的德育图景。

三是“结构新”，每本手册囊括班级仪式类、学校节日类、家庭劳动类、社会研学类四类活动，希望这套手册得以发挥“协同育人”理念下各教育场域的最大育人价值。

四是“模式新”，之所以按照“认识—体验—表达”的逻辑编写内容，不仅是让学生从生活中来，到生活中去，更是给予他们展示、分享、交流的空间与平台。

五是“内容新”，重视时代发展过程中学生普遍缺失且政策着重强调的德育内容，突出对学生劳动观念、家庭观念、法制观念、志愿服务观念等方面的培养，并实现现代德育要求与史家特色实践的完美结合。

这套手册的编写历时两年，研讨十余次，修订五稿，凝结了史家教育集团多年来德育工作实践的宝贵智慧。由衷感谢集团教育工作者的配合与付出，感谢“小学德育中构建服务学习课程体系的研究”课题组成员们，同时特别鸣谢中国教育科学研究院专家孙智昌教授及玉臣教育团队对本套手册编写的指导，深深致敬中国发展出版社对本书出版所做出的努力，最后对为本套手册作出贡献的所有伙伴表示最衷心的感谢和最深切的敬意！

史家服务+课程研发团队

2019年8月